První obrázkový slovník
Zvířata

First Picture Dictionary
Animals

Prase
Pig

Motýl
Butterfly

Králík
Rabbit

Liška
Fox

Ilustrovala Anna Ivanir

www.kidkiddos.com
Copyright ©2025 by KidKiddos Books Ltd.
support@kidkiddos.com

All rights reserved. No part of this book may be reproduced in any form or by any electronic or mechanical means, including information storage and retrieval systems, without written permission from the publisher, except in the case of a reviewer, who may quote brief passages embodied in critical articles or in a review.
First edition, 2025

Library and Archives Canada Cataloguing in Publication
First Picture Dictionary - Animals (Czech English Bilingual edition)
ISBN: 978-1-83416-507-3 paperback
ISBN: 978-1-83416-508-0 hardcover
ISBN: 978-1-83416-506-6 eBook

Divoká zvířata
Wild Animals

Lev
Lion

Tygr
Tiger

Žirafa
Giraffe

Slon
Elephant

✦ Žirafa je nejvyšší zvíře na souši.
✦ *A giraffe is the tallest animal on land.*

Opice
Monkey

Divoká zvířata
Wild Animals

Hroch
Hippopotamus

Panda
Panda

Liška
Fox

Nosorožec
Rhino

Jelen
Deer

Los
Moose

Vlk
Wolf

✦ *Los je výborný plavec a dokáže se potopit pod vodu, aby mohl sníst rostliny!*

✦ A moose is a great swimmer and can dive underwater to eat plants!

Veverka
Squirrel

Koala
Koala

✦ *Veverka schovává ořechy na zimu, ale někdy zapomene, kam je dala!*

✦ A squirrel hides nuts for winter, but sometimes forgets where it put them!

Gorila
Gorilla

Domácí mazlíčci
Pets

Kanárek
Canary

✦ Žába může dýchat jak kůží, tak plícemi!
✦ *A frog can breathc through its skin as well as its lungs!*

Morče
Guinea Pig

Žába
Frog

Křeček
Hamster

Zlatá rybka
Goldfish

Pes
Dog

✦ *Některí papoušci dokážou napodobovat slova a dokonce se smát jako lidé!*

✦ *Some parrots can copy words and even laugh like a human!*

Kočka
Cat

Papoušek
Parrot

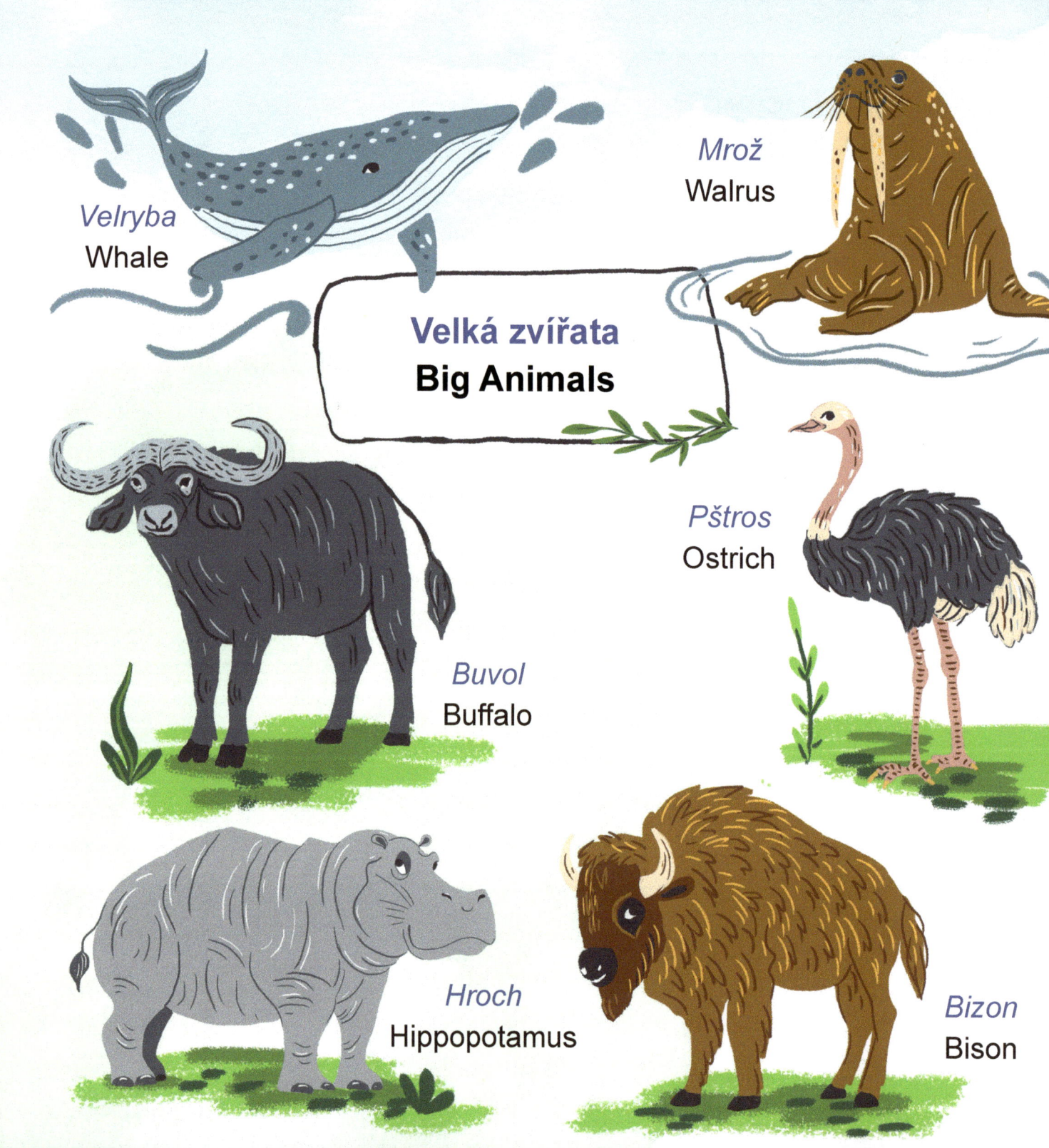

Malá zvířata
Small Animals

Chameleon
Chameleon

Pavouk
Spider

- *Pštros je největší pták, ale neumí létat!*
- *An ostrich is the biggest bird, but it cannot fly!*

Včela
Bee

- *Šnek nosí svůj domeček na zádech a pohybuje se velmi pomalu.*
- *A snail carries its home on its back and moves very slowly.*

Šnek
Snail

Myš
Mouse

Tichá zvířata
Quiet Animals

Beruška
Ladybug

Želva
Turtle

✦ *Želva může žít jak na souši, tak ve vodě.*
✦ *A turtle can live both on land and in water.*

Ryba
Fish

Ještěrka
Lizard

Sova / Owl

Netopýr / Bat

✦ *Světluška svítí v noci, aby našla jiné světlušky.*
✦ A firefly glows at night to find other fireflies.

✦ *Sova loví v noci a používá sluch, aby našla potravu!*
✦ An owl hunts at night and uses its hearing to find food!

Mýval / Raccoon

Tarantule / Tarantula

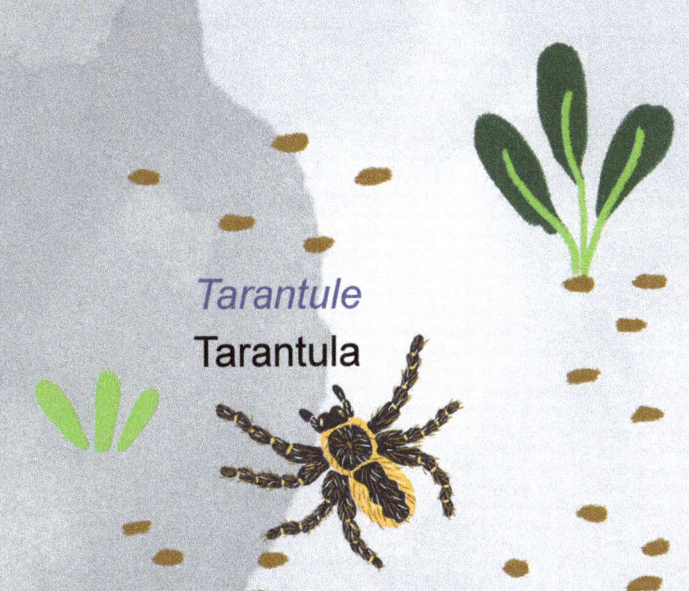

Barevná zvířata
Colorful Animals

Plameňák je růžový
A flamingo is pink

Sova je hnědá
An owl is brown

Labuť je bílá
A swan is white

Chobotnice je fialová
An octopus is purple

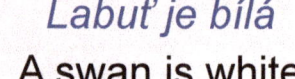

Žába je zelená
A frog is green

◆ *Žába je zelená, takže se může skrýt mezi listím.*
◆ A frog is green, so it can hide among the leaves.

Zvířata a jejich mláďata
Animals and Their Babies

Kráva a tele
Cow and Calf

Kočka a kotě
Cat and Kitten

Slepice a kuře
Chicken and Chick

✦ *Kuře mluví se svou matkou ještě před tím, než se vylíhne.*
✦ *A chick talks to its mother even before it hatches.*

Pes a štěně
Dog and Puppy

Motýl a housenka
Butterfly and Caterpillar

Ovce a jehně
Sheep and Lamb

Kůň a hříbě
Horse and Foal

Prase a selátko
Pig and Piglet

Koza a kůzle
Goat and Kid

www.ingramcontent.com/pod-product-compliance
Lightning Source LLC
LaVergne TN
LVHW072002060526
838200LV00010B/256